DU
PARTI A PRENDRE
ENVERS
L'ESPAGNE.

IMPRIMERIE DE J. TASTU,
RUE DE VAUGIRARD, N° 36.

DU
PARTI A PRENDRE
ENVERS
L'ESPAGNE.

PAR

N.-A. DE SALVANDY.

PARIS.

BAUDOUIN FRÈRES, LIBRAIRES,

RUE DE VAUGIRARD, N° 36.

25 NOVEMBRE 1824.

La France est toujours grande. Elle a dépensé trois cents millions pour la cause du chef de la monarchie espagnole : elle est prête à en dépenser encore, et pour prix de ses sacrifices, elle ne demande que de la sagesse dans les conseils, de l'humanité dans les lois, de l'ordre enfin. Quelque chose manque à son bonheur aussi bien qu'à sa gloire, tant que là où flottèrent ses drapeaux, là où règnent des Bourbons, il y a des peuples qui gémissent.

Charles X ne fait qu'un avec la France. A peine roi, sa main, prodigue de bienfaits, s'était déjà étendue au-delà des monts. Quelque chose aussi manquait à son grand cœur tant qu'il n'avait pas assuré la félicité de deux empires.

Mais les difficultés sont et sans nombre et sans mesure; on est tenté de croire que la main seule du temps pourra les surmonter, quand on considère que le roi avec sa politique franche et généreuse, le dauphin avec sa connaissance des lieux et des hommes, avec l'autorité de ses victoires, ont échoué depuis deux mois dans leurs efforts, et il est difficile de supposer que des conseils où se rencontrent la loyauté de M. de Damas, l'expérience de M. de Chabrol, la modération de M. de Doudeauville, aient manqué entièrement de droiture ou de lumières pour seconder les plans arrêtés si haut. Faut-il donc désespérer d'un grand empire, et penser que c'en soit fait de ses destinées? Non sans doute. Dieu ne permet pas ainsi que les nations périssent; il vient toujours un moment où un bras ferme et sage peut les arrêter sur le penchant de leur ruine.

Nous croyons que ce moment approche pour l'Espagne. On parle d'évacuation prochaine, d'occupation partielle, de nouveaux traités. Ces graves questions occupent tous les esprits; elles feront naître dans l'Escurial des incidens auxquels le rétablissement de l'ordre peut être attaché. Jusqu'au dernier moment, rappelons-nous que la solution de ce problème touche aux plus chers intérêts de la politique française, la gloire du pays et l'honneur de la couronne.

Dans l'examen auquel nous osons nous li-vrer, nous quittons avec joie les voies battues de l'opposition. Accuser les dépositaires du pouvoir est toujours chose facile, trop facile par le temps qui vient de s'écouler. L'Espagne souffre; qui pourrait le contester? Ses villes sont désertes; il n'y a d'habités que les faubourgs, les cloîtres et les cachots. Les séditions meurtrières viennent de toutes parts au secours des juges et des bourreaux fatigués. Une seule adminis-tration, celle de la police, est debout, et elle parle le langage des multitudes parvenues à la puissance, un langage de sang. La royauté est partout pour sévir, nulle part pour tempérer, pour vouloir, pour pardonner; l'ordre social enfin est dissous. Voilà les faits. A quoi bon signaler les auteurs ou les causes de tant de maux? Il n'est plus qu'une tâche consolante et utile, celle de chercher un moyen de les gué-rir.

Aussi, disons-le à la louange des partis con-traires, l'Espagne est un des points sur lesquels ils se trouvent d'accord. C'est qu'après avoir également partagé les travaux et les frais de la guerre, ils en ont également rapporté des pro-fits et des mécomptes.

4

L'un l'a demandée cette guerre, et l'a obtenue: à la voix d'un fils de France, la victoire est revenue à nos drapeaux, rapide comme au temps des conquêtes de Louis XIV ou des campagnes d'Italie. L'autre avait réprouvé l'entreprise et il n'est pas payé pour rétracter ses votes. La camarilla s'est efforcée de lui donner gain de cause.

Le premier a retrouvé, dans cette expédition, des palmes guerrières, de la sécurité, de l'avenir; le second lui a dû les protestations généreuses de l'héritier du trône, l'esprit de l'ordonnance d'Andujar, l'empressement des opinions les plus dissidentes à se serrer contre la Charte, c'est-à-dire, aussi de la sécurité, aussi de l'avenir. La France entière y a gagné l'éclat qui rejaillit sur elle des vertus du dauphin.

Ceux-là seuls sortent en vaincus du théâtre de tant de triomphes, de tant de calamités, qui, placés à la tête des affaires, devaient voir et mesurer d'avance tous les obstacles, qui pourtant promirent de donner à la Péninsule paix, sécurité, crédit et gloire, qui ne lui laissent que désolation et misère. Ces malheurs, ces attentats dont l'humanité gémit, aucun

parti ne les a voulus; aucun n'a pu les préve-
nir; aucun n'en prend la défense. Le côté droit
n'est pas disposé à étendre son égide sur ces
masses populaires qui règnent comme savent
régner les masses en tumulte, par l'assassinat
et le pillage. Qui pourrait être assez entêté du
despotisme pour s'applaudir d'un état de choses
où il n'y a d'absolu que l'anarchie!

Ceux-là seuls répondent de ces désastres qui
auraient pu les arrêter ou déposer les rênes de
l'État, qui n'ont su retirer d'événemens immenses, d'une guerre et d'une révolution où, grâce
à nos armées et à leur chef, tout a été succès,
que la triste alternative de s'avouer ou bien
mal habiles ou bien coupables. Mais ils dispa-
raissent aujourd'hui, effacés si bien derrière la
puissance souveraine qu'il semble que la pos-
térité ait déjà commencé pour eux. Oublions
leurs torts puisque nous n'en souffrirons plus.
Bénissons le roi qui veut tout réparer; ne por-
tons nos regards que sur l'avenir; et quant au
reste, laissons faire l'histoire.

politiques qui ... chaque ...
... les mettre en cause; par l'aména...
... pillage. On pourrait ... ces ... forces en
... pour s'applaudir d'un état de choses
où il n'y a d'absolu que l'anarchie.
... mais il serait répugnant que ces classes qui
n'est pas arrêté par les ... sur les biens de
l'État, qui n'ont soufferts d'aucunes armées
es, d'une guerre et d'une révolution organi-
à nos armées et à leur chef, tout a été sauvé.
que la triste alternative de s'avouer ou bien
mal habiles ou bien coupables. Mais la déci-
... aujourd'hui, elle a si bien caractérisé la
puissance souveraine qu'il semble que la pos-
térité est déjà commencée pour eux. Oublions
leurs torts puisque nous n'en souffrons plus.
Bénissons le roi qui veut tout réparer; report-
tons nos regards sur ... l'avenir; et jetons un
... illusions sur l'histoire.

DU
PARTI A PRENDRE
ENVÈRS
L'ESPAGNE.

Des considérations graves nous pressent d'évacuer l'Espagne. La balance de l'Europe, notre indépendance, notre prospérité, tous les grands intérêts enfin de la patrie française s'accordent à exiger que la Péninsule cesse au plutôt de trouver de ce côté des monts, une Amérique pour lui fournir de l'or, et d'en être une pour nous en nous enlevant nos soldats.

Ce n'est pas seulement au-delà des Pyrénées que des rois peuvent implorer l'appui du roi de France. Ce ne sont pas seulement des agressions intérieures qui peuvent mettre en péril les trônes. La confédération allemande prépare, elle offre déjà d'étranges spectales. Il faut que partout où il y a des souverainetés méconnues, elles comptent sur l'assistance d'un grand roi et d'un grand peuple prêts à embrasser leur querelle. Depuis le traité de Westphalie, ce glorieux et utile patronage est dévolu à nos armes; le moment serait mal choisi pour l'abdiquer.

La France est désormais la gardienne de tout ce qu'il y a de droits et de frontières sur le continent. Le droit des gens tout entier repose sous son égide. Les restes de l'équilibre politique des grands États et de l'indépendance de tous les autres sont confiés à sa défense : car une grande révolution se consomme. L'Allemagne a fléchi sous le poids de la Russie. Cette Russie qui comptait, il y a peu d'années encore, parmi les puissances asiatiques, est toute en Europe; elle est l'Europe entière, hormis nous. Et le Pas-de-Calais s'est bien agrandi dans ces derniers temps. L'Angleterre n'est plus qu'une puissance d'Amérique.

La France manque à la mission qui lui est assignée, toutes les fois que ses armées campent ailleurs qu'aux bords du Rhin ou sur les sommets des Alpes. Elle-même peut avoir à défendre son territoire, ses enfans, son roi. Ce tribunal mystérieux, qui siége dans des murs français naguères, ce tribunal de Mayence, pour lequel il n'y a ni frontières, ni code, peut ne voir que d'une manière confuse les limites de son ressort, et oublier, quand il est en train de livrer des rois à ses commissaires, que nulle puissance dans le monde n'a pour justiciables des rois de France. Nous savons que Charles X réprimera ces empiétemens. Il le fera sans tirer l'épée; car la paix, cette source féconde de richesses pour les peuples industrieux et libres, lui est chère; mais nous savons que pour bien vouloir la paix, il faut pouvoir la guerre. Ce principe est vieux comme les sociétés humaines ; et quelle est notre puissance, quand l'Europe voit nos soldats enchaînés à cinq cents lieues du théâtre des affaires du monde ? L'Espagne est une plaie saignante qui nous épuise. Napoléon, alors qu'il tenait tous les empires sous sa main, se fit un jeu de la longue occupation de la Péninsule ; il périt par ce cancer dévorant.

Ces considérations sont graves. Il n'est pas d'esprit si étranger aux affaires qu'il ne les saisisse. Elles n'ont pas arrêté notre marche, quand nous avons franchi les Pyrénées. Doivent-elles maintenant précipiter notre retour ?

Oui, s'il nous faut rester les spectateurs impuissans de scènes dont l'humanité s'épouvante, si des fureurs effrénées continuent à baigner de sang les pieds du trône que nous avons reconstruit, si notre voix ne parvient pas à se faire écouter dans les conseils, si l'histoire doit avoir le droit de dire : La terreur régnait sur les Espagnes, et l'armée française était là.

Mais nous ne pouvons oublier du sein de quels événemens ces calamités sont sorties. La France a contracté une responsabilité terrible envers le monde et envers les siècles. Cette responsabilité, il ne fallait point l'accepter ; il faut la subir. Ne nous impose-t-elle pas le devoir de tout essayer

pour obtenir, s'il se peut, grâce de la vie à cette
malheureuse nation que l'on semble vouloir exter-
miner? Qu'on ne s'y trompe pas : ce n'est point
en définitive la nation qui court le plus de hasards.
Les réactions s'enchaînent. Vainqueur à son tour,
le parti que nous avons foudroyé sera – t – il plus
généreux et plus sage que celui dont nous avons
adopté la cause? Ne devons-nous pas sauver à
tout prix l'autorité royale de ses propres égaremens? Un nom auguste sanctionnerait-il tous ces
malheurs, si nous n'avions remis en des mains,
enchaînées alors, le sceptre et l'épée? On nous
faisait compter, il y a vingt mois, les pleurs qu'une
reine infortunée versait sur la captivité de son
époux. Comptons ceux que d'autres douleurs,
qu'un autre effroi lui font verser aujourd'hui. Con-
templons toute cette royale famille, ces jeunes
princesses que de si belles destinées semblaient
attendre, et dont la vie s'écoule entre les échafauds
à voir et à redouter. Voudrons-nous que la posté-
rité ait à se demander si notre intervention retarda
des catastrophes effroyables ou les a provoquées ?
Non, mille fois. Les considérations, prises dans
nos intérêts de puissance et de richesses, se taisent
devant une voix plus forte. C'est le cri de l'humanité; c'est le cri de l'honneur. L'un et l'autre nous
disent que s'il est une chance d'améliorer les destins de la Péninsule, il faut rester.

Mais les hautes questions d'État que nous

avons posées d'abord, demeurent entières pour nous avertir de ne pas rester un jour de trop, et de ne pas rester en vain. Point d'intrigues, de manœuvres savantes, point de projets débattus, de médiations discutées, de politique enfin expectante et dilatoire! Si des négociations viennent à s'ouvrir, qu'elles commencent par un *ultimatum* inflexible; qu'une heure voie tout conclure ou tout finir.

Il faudrait ne pas connaître et l'Espagne, et Ferdinand, pour douter que des négociations ne soient ouvertes le jour où nos bataillons reprendront le chemin de Bayonne. Au bruit des tambours, donnant le signal du départ, toutes les illusions de la présomption et de l'imprévoyance tomberont comme de funestes bandeaux. Les inspirations domestiques, les influences étrangères surtout, dont on a laissé s'établir l'ascendant par des fautes que nous ne relèverons pas, perdront tout-à-coup leur désastreux empire. Ce malheureux monarque qui n'ose marcher qu'en chassant à quarante lieues de lui tout ce que l'on compte, dans les lieux qu'il traverse, de commerçans, de prêtres, de titres de Castille, de noms illustres, ne verra plus rien autour de son trône qu'une populace sanglante et des moines menaçans. Il s'épouvantera de sa solitude; il demandera que nos troupes lui soient laissées, à tout prix, quelque temps encore. Ce moment sera rapide, sans doute, et cependant il peut être fertile en réparations, si on veut le saisir. Cédons; mais comme le roi de Syracuse, en stipulant qu'on n'immolera plus de victimes humaines. Cédons; mais sans compromettre, sur des engagemens douteux, l'or et le sang de la France, sans nous exposer à tromper encore une fois l'attente du monde. Que les hautes parties contractantes souscrivent des actes qui répondent à Charles X de la solidité de ses bienfaits; au dauphin, de l'accomplissement de ses vœux; à la France, du repos, sinon encore du bonheur de l'Espagne.

Quels seront ces actes? Il est par trop manifeste qu'une amnistie ne peut pas suffire. On ne refait pas les royaumes, on ne remonte pas la machine des gouvernemens avec des amnisties. D'ailleurs, ne sait-on pas ce que sont dans la Péninsule ces homicides lois de grâce? Des guet-à-pens placés aux pieds des échafauds. Personne, ainsi que vient de le dire très-bien l'un des plus honorables membres de nos précédentes assemblées (1), personne n'apportera sa tête. L'Espagne a besoin d'autre chose que d'un sursis. Quoi qu'on fasse, il faut des garanties; il faut de l'avenir. Qu'est-ce que des promesses sans gages, de la clémence sans sécurité, de la modération, de la sagesse sans lendemain?

(1) M. Duvergier de Hauranne, Coup-d'OEil sur l'Espagne.

Nous voilà de prime abord en présence d'une question immense, d'une question qui embrasse tous les intérêts d'un vaste empire, qui se complique de tous les embarras de sa position au dedans et au dehors. Il ne s'agit de rien moins que de déterminer les formes du gouvernement tout entier. Nous déciderons-nous pour le pouvoir absolu ou pour une constitution libre? Un tel choix semblerait devoir être l'ouvrage de la force, du génie, du temps par-dessus tout, et la France s'est imposé la loi de le prononcer.

Parlons d'abord du despotisme. C'est un gouvernement mauvais; car, entre autres défauts, il a celui-ci, que les Antonins sont rares, et que Marc-Aurèle peut laisser pour fils un Commode. Cependant, chez des peuples dont la civilisation est à la fois arriérée et inégale, où tout est divers dans la société d'échelon à échelon, et dans l'État de province à province, chez des peuples sans classe moyenne, divisés en factions exaspérées, ardens aux représailles, travaillés de tous les maux, de toutes les passions de l'anarchie, un bras puissant peut être bon pour apaiser la tourmente, réprimer les fureurs effrénées, préparer un avenir meilleur. Il faut que la civilisation précède la liberté; autrement la liberté court le risque d'aller en aveugle aux abîmes, et d'y entraîner tout avec elle.

Charles III ne possédait ni la bonté chevaleresque

d'Henri IV, ni peut-être l'esprit vaste de Louis XIV ; mais il avait dans ses sentimens et ses idées cette rectitude qui démêle le bien des peuples, le veut, l'accomplit. S'il vivait, il n'y aurait pas à hésiter de tout remettre en ses mains : par lui, tout serait sauvé. Il est vrai que si cet autre Charles-le-Sage avait tenu dans ces derniers temps le sceptre de Philippe V, nous n'aurions pas à discuter ces graves intérêts. La révolution de 1820 n'aurait pas agité sa monarchie et armé la nôtre. Ou si le dauphin avait eu besoin de paraître dans les Castilles, il serait revenu parmi nous sans rapporter, au milieu des fêtes triomphales, ces royales douleurs qui ont, il est vrai, couronné son front d'une gloire de plus.

Ce que ses conseils n'ont pas obtenu sous les murs de Cadix, l'obtiendraient-ils quand nous aurions laissé nos soldats en échange de sages promesses? Aurions-nous affaire à une politique plus éclairée ou du moins plus docile? Ici se rencontre une difficulté qui est la clef de toutes. Que ne pouvons-nous passer près d'elle sans l'aborder? Elle réside dans une région qui devrait être inaccessible à tout contrôle; mais nous sommes contraints d'y arriver, puisque tout est là.

C'est un des précieux avantages de la monarchie constitutionnelle, que si la royauté n'y possède point un pouvoir supérieur à toutes les contradictions et à toutes les résistances, son caractère

auguste, loin d'en être compromis, reste à l'abri
de toutes les atteintes. Une certaine impuissance
de mal faire, une responsabilité qui s'adresse
ailleurs, la sauve des plus graves écarts; des fic-
tions viennent à son aide quand les faits l'ac-
cusent; et il se trouve ainsi, par une admirable
combinaison, que dans ce grand jour de la publicité
qui éclaire toute chose, elle reste voilée aux regards
de la foule, à moins de se manifester par des
bienfaits et des vertus. Dans les monarchies absolues, au contraire, le prince tout-puissant pour
s'égarer, n'est séparé de son peuple par aucun
prestige non plus que par aucune barrière. Toutes
les fautes semblent son ouvrage, et tous les yeux
les contemplent; tous les cœurs les ressentent.
Le Gouvernement, l'État même c'est le roi; le
roi, c'est un homme. Quel malheur pour les
peuples et pour lui, s'il arrive qu'une éducation
ennemie se soit attachée à fermer l'accès de son
esprit aux lumières qui font les grands rois, si le plus
détestable des complots a corrompu dès le ber-
ceau, dans ce prince infortuné, la source même des
qualités généreuses pour le rendre incapable de
régner, ou de faire de son règne le châtiment
des générations qui se seraient obstinées à le subir!
Ce monarque conservera dans son caractère la
vive empreinte des périls, des souffrances de sa
jeunesse, et cette empreinte flétrira le reste de
sa vie. On ne lui aura rien appris que la triste

science de plier devant les circonstances impérieuses en se réservant la consolation d'éclater plus tard. Ses habitudes, d'accord avec ses ombrages, ne lui permettront d'ouvrir son ame qu'à ce qu'il trouvera d'assez subalterne pour ne pas l'effaroucher. Il ne connaîtra d'autre loi que celle du talion. Il ne verra dans le pouvoir que la vengeance. Il ne comprendra la prérogative royale que comme une sorte de liberté infinie, subversive, sauvage, tour à tour celle de l'enfant qui a rompu ses lisières, celle du lion qui a brisé ses chaînes. S'effrayant de tous les périls et ne s'effrayant d'aucune réaction, animé d'une colère égale contre trois choses : les dissentimens, les outrages et les bienfaits; accessible à tous les conseils, excepté ceux de la sagesse et de la mansuétude, il sera un obstacle à tout, excepté au mal. Qu'attendre de ses promesses, tant qu'il pourra les enfreindre? Il brûlera de les anéantir, précisément parce que vous les aurez exigées. Compterez-vous sur la lente autorité de l'expérience, sur l'ascendant de la raison et de la justice? Les geôliers de son jeune âge ont pris soin qu'il ne pût jamais comprendre ces leçons. Espérerez-vous le réveil de sa bonté? Une mère s'est efforcée de vous fermer d'avance ce refuge. Enfin, vous fierez-vous au pouvoir journalier de la peur? Cette prise même, passé le premier moment, n'est pas assurée. Le roi des barbares qui ne voulait pas que son fils apprit à trembler devant la verge de ses maîtres, avait un grand sens. La crainte ne donne aux rois que des leçons inconstantes et mauvaises. Elle empêche toute volonté durable de s'établir dans ces ames qui devraient être privilégiées par la Providence pour être tout volonté, tout action, tout courage. Les paroles dictées par le péril seraient aussitôt retirées, soit qu'il se fût éloigné ou grossi. Il est des caractères qui n'acceptent des entraves, des appuis même qu'avec la résolution secrète de les renverser. Fonder un système sur de telles garanties, ce serait bâtir sur le sable, et la vie des hommes, la paix des États veulent de plus solides fondemens.

En contemplant ce triste tableau, on respire d'avoir à le contempler à l'ombre d'un trône où les aînés des fils de saint Louis et de tant de bons et sages princes, déployent les vertus du sang généreux qui, depuis mille ans, coule dans les veines de cette famille de rois. Des Français ne courent pas le risque de confondre avec un accident déplorable, dont on ne pourrait demander compte qu'aux impénétrables desseins de la Providence, l'antique, la grande, la salutaire institution de la royauté. La France trouve dans un affligeant spectacle de nouveaux motifs pour bénir cette restauration qui nous apporta des lois au lieu de vengeances, qui nous rendit pour chefs des Bourbons dignes des souvenirs que ce nom glorieux rappelle, qui plaça nos destinées

2

sous la garantie d'institutions fortes et libres, alors même qu'il y aurait eu le moins de péril à s'en passer.

L'Europe sait trop dans quelle sphère se débattent les destins de l'Espagne. La place que tiennent nos chambres parmi nous, la Camarilla l'occupe, et une bien plus grande encore. Étrange aveuglement de ceux qui prétendent plaider la cause de la royauté, en demandant qu'elle reste sans entraves ! on s'indigne pour elle du parlement d'Angleterre, et on tombe dans les Camarillas ! On ne veut pas qu'elle puisse rencontrer des contradicteurs dans les premiers d'entre les sujets ; et on l'expose à prendre les derniers de tous pour confidens, pour gardiens, pour conseillers, pour maîtres !

C'est donc à la Camarilla qu'il faudrait faire accepter les engagemens de modération et de clémence pour qu'ils eussent quelque valeur. C'est elle dont il faudrait avoir la parole. Mais cette parole, sommes-nous assez puissans pour la conquérir, assez riches pour l'acheter ? La tourbe de favoris jaloux, de conseillers furieux que nous aurions à réunir et à calmer, ne s'entendrait pas, même pour exploiter nos ménagemens, pour puiser dans nos trésors. Près d'eux aussi, emploierons-nous les promesses et les menaces ? ce serait mal les connaître. Le trapiste, sous son manteau déchiré, croit sûrement tenir le Potose dans le fourreau de son cimeterre, et il n'y a pas un de ses affidés qui, lorsqu'ils délibèrent ensemble, n'asseoie ses calculs sur cette base que l'univers entier n'oserait les combattre.

Reste donc la triste voie de négocier sans fin avec quelques-uns de ces arbitres de la monarchie espagnole, de disputer à d'autres puissances de telles conquêtes, d'obtenir pour le parti de la France, pour la cause de la sagesse et de l'humanité, la protection d'un laquais puissant. Mais cette puissance ne durera qu'un jour. Capricieuses, passionnées, fantasques, les influences qui dirigent la Camarilla sont aussi changeantes que misérables et aussi impérieuses que mobiles. Fussent-elles éternelles, convient-il au roi de France de paraître par ses ambassadeurs dans ce foyer d'intrigues et de complots? N'avons-nous vaincu la révolution espagnole que pour avoir à briguer d'ignobles alliances, à essuyer d'insolens mépris? Le ministère n'a que trop peut-être essayé de ces ressources. A quoi nous ont-elles menés? Laissons-les, il en est temps, aux cabinets qui n'en rougissent pas.

Ainsi, point d'illusion! la conséquence de tout ce qui précède est, que nous ne pouvons pas lier à des idées fixes, à des projets suivis d'amélioration, la volonté souveraine de laquelle tout dépend. L'assentiment de la Camarilla n'offrirait pas plus de garanties et serait encore plus difficile à saisir. Imposerons-nous donc pour condition de notre séjour,

une charte qui, en créant des pouvoirs secondaires, donne à la couronne des contre-poids, et
commence pour l'Espagne, l'ère de la monarchie
constitutionnelle? Avant de répondre, abaissons
nos regards sur le pays, cherchons si l'Espagne
peut être mise en possession du grand bienfait de
la liberté; et sans doute, nous ne serons pas plus
heureux de ce côté que du côté du trône.

La lutte qui tourmente les Espagnes ne res-
semble à aucune autre. Là une aristocratie puissante n'est point aux prises avec des plébéiens
jaloux. Ce serait ce qu'on a vu par toute la terre.
Mais on peut dire en quelque sorte que deux
nations, diverses de sentimens, d'opinions, de
volontés, sont en présence sur le vieux sol des
Carthaginois et des Ibères, des Goths et des Sar-
rasins. L'une barbare, stationnaire, fataliste,
professe un respect asiatique pour l'œuvre du
temps, qu'elle appelle l'œuvre de Dieu. L'autre,
associée aux lumières de notre Europe, avide de
savoir, impatiente de la longue décadence et de
l'ignorance populaire de son pays, ne respire que
changement. Pour celle-ci depuis long-temps, il
n'y avait plus de Pyrénées. On dirait que pour
celle-là il n'y a point de détroit de Gibraltar.
La première, éparse dans tous les rangs de la
société, mais occupant les derniers sans partage,
est terrible par le nombre; elle n'aime que les cou-
tumes paternelles, ne veut que le pouvoir absolu.

La seconde, concentrée dans une plus haute région, n'a pour elle que des puissances morales. Elle demande des réformes: elle soupire après la liberté; elle en est capable ; elle en est digne presque tout entière.

La fortune de l'Espagne, après six ans d'une tyrannie à la fois inepte et cruelle, lui livra tout-à-coup le pouvoir. Son règne n'a véritablement duré que quelques mois. Mais son avènement ne coûta point de larmes : pas une goutte de sang ne fut versée pour la querelle ou le châtiment du système abattu. Forte des fautes qui avaient été commises, forte de son organisation et de son accord, elle régnait entre deux zônes ennemies, la Camarilla et la multitude, qui semblaient faire effort pour se rejoindre, comme les deux portions du reptile que la hache a brisé. Tout pouvait être sauvé alors, si, mieux instruite de ce qui se passait au-delà de Pyrénées, l'Europe avait tendu la main à cette poignée d'hommes éclairés et sages qui avaient entrepris de mettre l'avenir de leur patrie à l'abri des excès du despotisme et de la licence. Il n'en fut pas ainsi. Croyons que les révolutions de Lisbonne, de Naples, de Turin troublèrent les conseils des rois, et que la crainte d'une commotion universelle les porta loin des sentiers où les eussent fixés leur justice et leur humanité. Toujours est-il que dès-lors la révolution espagnole, ébranlée par des complots, environnée d'orages, fut emportée hors de sa sphère; elle arriva promptement à ses extrêmes, et, comme elle n'avait pas derrière elle la multitude, elle ne pouvait pas être violente impunément. Elle fut aussitôt perdue : l'armée française n'eut qu'à paraître pour que l'autre peuple triomphât.

Maintenant, voudrions-nous rechercher l'alliance de cette portion de la nation espagnole à laquelle nous avons fait la guerre? Tenterions-nous de la rallier, après l'avoir dissoute, proscrite, jetée au loin sur tous les rivages? Il serait difficile de le vouloir, plus difficile de l'accomplir. Mille griefs la divisent. Mille assassinats l'ont décimée. Ces derniers temps ont mis en mouvement les classes inférieures. L'apparition des hommes que nous avons vaincus ou des formes que nous avons détruites, soulèverait le déchaînement d'une faction implacable. Il est aisé de démuseler un tigre altéré de carnage ; il ne l'est pas de lui rendre ses fers.

Sans doute nous parviendrions à faire régner sous la sauve-garde de nos soldats la constitution que Ferdinand aurait signée ; mais qu'est-ce qu'une liberté imposée par les baïonnettes étrangères ? Le caractère national reprendrait le dessus. Il y aurait un accord de tous les partis, une émulation de toutes les voix pour repousser le bienfait. On sonnerait le tocsin des Vêpres siciliennes à la tribune.

Ou plutôt, dans l'état d'effervescence auquel ce

malheureux pays est en proie, penser à élever des
tribunes serait insensé. On voterait avec le poignard. La faction de l'ignorance, du fanatisme,
des réactions, siégerait seule dans les assemblées.
Les passions qui désolent la Péninsule prendraient,
par cette excitation perpétuelle de la parole, un
essor délirant. Rien n'est terrible comme les formes
de la liberté mises à la disposition d'un parti, à la
disposition surtout de la multitude. Mieux vaut
encore sa domination à l'ombre du pouvoir et du
nom d'un seul.

Étrange cercle vicieux que celui dans lequel
notre politique est renfermée! Nous voulons le
bonheur, la sécurité, la gloire de la nation et du
trône, l'un et l'autre sont contre nous. Il faut des
garanties à la première, des limites, des sauve-
gardes peut-être au second, et nous ne pouvons
pas établir le règne des lois. Le despotisme nous
manque aussi bien que la liberté.

Cependant, on a besoin de le redire, tout ne
saurait être perdu. Il n'y a point, dans la conduite
des affaires politiques, de difficultés surhumaines.
Le jour où nous avons mis le pied sur la rive
gauche de la Bidassoa, nous avons contracté le devoir de dénouer tous les nœuds gordiens, même
ceux qui ne pourraient pas être tranchés avec l'é-
pée. Si nous ne pouvons de long-temps instituer
des Cortès, diviser en branches distinctes le pouvoir souverain, associer les sujets au gouverne-

ment de leur patrie, affranchir la pensée en consa-
crant la publicité, ce premier des biens, ce droit le
plus fécond de tous, du moins nous pouvons
trouver quelque chose d'intermédiaire entre le régime de la Charte et celui de Constantinople.

Ce qui constitue, suivant nous, les monarchies
absolues, c'est la réunion de l'autorité royale et
de la plénitude du pouvoir législatif. Ce que nous
appelons la liberté, c'est la participation du pays
à la confection des lois. Le vote de l'impôt, l'affran-
chissement de la presse, le contrôle de l'administration ne sont que des corollaires plus ou moins
restreints, plus ou moins nécessaires du premier
principe. Hé bien! les monarchies les plus absolues de l'Europe admettent cependant des limites
que l'arbitraire ne tenterait pas de franchir. Le monarque trace la loi; mais il en confie le dépôt à des
corps respectés. Il ne se fait pas justice lui-même.
Chaque famille ne craint pas d'heure en heure
qu'une délation, un caprice, une vengeance, un
calcul avare peut-être la déciment. Il faudrait aller
jusqu'aux sept tours pour trouver une autre con-
trée, où ce terrible mot, *yo el rey* (moi le roi),
puisse disposer de toutes les fortunes et de toutes
les vies, jeter un général illustre, un prélat véné-
rable aux galères, confisquer les patrimoines, renverser des franchises contemporaines de Wamba
ou de Pélage, raser des villes, détruire la patrie
même, la vendre à l'étranger, traiter enfin un ter-

ritoire qu'on a la prétention d'étendre des îles Baléares aux Philippines, comme un champ que le
propriétaire exploite à son gré, bouleverse, sac-
cage s'il est un furieux. Le bon plaisir, poussé à ce
point, est une insulte gratuite pour la nature hu-
maine. On l'a trop vu sous le règne de Godoy et
lors des scènes de Marrac, il n'assure pas les cou-
ronnes; il n'en rend pas la possession plus douce
et plus belle. De toutes les autocraties européen-
nes, nulle n'a été aussi cruellement battue par les
orages. Toutes, il est vrai, respectent certaines cou-
tumes, certaines institutions comme d'inviolables
barrières. La triste Espagne seule n'en a aucunes;
là, il n'y a que des ruines et un trône! là, il n'y a
qu'un troupeau de dix millions d'hommes, et le roi
Ferdinand pour pasteur.

Il n'en fut pas toujours ainsi. Sans rappeler les
temps où la liberté fleurissait sur cette vieille terre
des assemblées délibérantes, depuis même que
Charles-Quint eut consommé l'établissement de la
royauté absolue, en dépouillant les peuples de tout
concours dans la discussion de leurs intérêts et de
leurs lois, la puissance souveraine, illimitée pour
vouloir, était bornée de toutes parts pour agir. Le
régime municipal, les priviléges des provinces,
des castes, des universités, l'indépendance du pouvoir judiciaire, les prérogatives du conseil de Castille, les droits de la chambre de ce conseil chargée
de présenter les candidats pour toutes les magis-

tratures et tous les bénéfices du royaume, for-
maient autour du chef de l'État autant de digues
tutélaires. Les rois les ont renversées l'une après
l'autre. Ils se sont réjoui de leur triomphe facile;
et voilà qu'expiant les envahissemens de ses pré-
décesseurs, un prince qui a mieux aimé disperser
les débris des institutions nationales, qu'essayer de
les reconstruire, est obligé, deux fois en dix ans,
d'ébranler l'Europe pour qu'elle affermisse sous
lui ce trône qui a perdu des appuis en même
temps que des limites, ce trône ensanglanté aux
pieds duquel veillent seuls, impuissans gardiens, le
fanatisme et la terreur !

Ces barrières, que depuis trois cents ans le pouvoir royal travaille à détruire, peuvent être, en
grande partie, relevées. Les Bourbons, qui ont
donné la Charte à la France et brisé en Espagne la
constitution de Cadix, croiront-ils demander trop
à Ferdinand, s'ils exigent de lui qu'il accepte la
monarchie de Philippe II ?

La première condition des États policés est que
protection soit acquise à toutes les vies et à tous
les biens. Si une décision arbitraire, prise, exécutée
dans l'ombre, peut à tout moment vous envoyer
au bagne, vous livrer à des bourreaux, chasser
vos fils du toit de leurs pères, la société est dissoute. Mieux vaut l'état sauvage. Là, du moins, il
y a de plus la liberté et la défense. Avant tout,
que l'Espagne rentre dans l'ordre social par la

constitution du pouvoir judiciaire ; que l'étendue de ce pouvoir soit fixée ; que les audiences royales reçoivent, comme un dépôt sacré, la garde de toutes les existences et de toutes les fortunes ; qu'elles soient indépendantes, inamovibles, capables de remplir leur glorieux mandat; que l'administration et la justice cessent d'être partout confondues; que la confiscation soit abolie pour qu'on n'égorge point les riches et les grands, comme à Rome sous les empereurs, par mesure de finances ; qu'enfin l'Espagne ait des tribunaux ; que l'arbitraire s'interdise l'accès du foyer domestique. L'acte par lequel la royauté se sera dessaisie de la plus exorbitante, de la plus désastreuse partie de sa puissance, aura, dès le premier jour, beaucoup fait pour la pacification de la Péninsule, deux classes d'hommes seront intéressées à le défendre : les citoyens et les magistrats.

Cependant, il importe qu'en n'ayant plus à redouter les invasions et les caprices de l'autorité royale, les cours souveraines cessent de voir leurs attributions envahies par la multitude. Il est temps que le peuple reprenne des habitudes d'obéissance, qu'un autre droit que celui du poignard, qu'une autre force que celle du nombre règne sur la Péninsule et sur son roi. Mais si on essaie d'organiser une armée, comment pourra la rassembler ce roi absolu dont personne n'accomplit les volontés ? Comment pourra la soudoyer ce

roi des Espagnes et des Indes qui est sans revenu?
Comment pourra la contenir ce monarque, ce chef
de la contré—révolution qui n'a point d'officiers
dans son parti? Les nouvelles troupes prendraient,
avant six mois, l'esprit des corps qu'elles seraient
destinées à remplacer; car elles auraient, malgré
tout, les mêmes guides ét les mêmes griefs. Les
fissiez—vous commander par le trapiste, vous les
verriez passer, au premier refus de solde, à la
première menace d'embarquement, sous les drapeaux de Mina.

L'Espagne n'a pas besoin d'armée contre les périls du dehors. Elle n'est point animée de l'esprit
de conquête, et comment pourrait-elle avoir à la
redouter? Ce dont elle a besoin, c'est d'une force
qui maintienne la paix publique, et n'ajoute pas
aux embarras immenses du trésor. Rendez aux ci-
tés leur antique droit de se défendre elles-mêmes;
qu'une Sainte-Hermandad, mieux constituée, veille
sur les chemins; qu'en un mot les milices des anciens temps revivent. La propriété ou le rang
seront les conditions inflexibles de l'admission sous
les drapeaux. Les prolétaires rendront aux classes
élevées ces armes dont ils font usage pour consti-
tuer le massacre et le pillage. Ainsi seront assurés
l'obéissance aux autorités légales, l'inviolabilité
des personnes, le respect pour la propriété; ainsi
renaîtront la confiance et la tranquillité publique.
Ainsi se rétablira un ordre de choses à l'ombre

duquel les vaincus oseront reposer leur tête. Les promesses d'amnistie ne seront point vaines. L'Espagne respirera. Qui pourrait en Europe réprouver un tel système ? est-il une aristocratie qui s'alarme de voir l'aristocratie espagnole remise en possession de l'épée? est-il des cabinets qui préfèrent à la noblesse castillane la tourbe déguenillée et sanglante des septembriseurs de la junte apostlique.

Ce n'est pas tout encore : nous n'aurions accompli qu'une œuvre inutile, si nous n'avions pas essayé de rendre à la monarchie espagnole du crédit en Europe. La société une fois replacée sur ses bases, il faut bien qu'à son tour l'État sorte de ses ruines ; sans finances il n'est point d'État, sans crédit point de finances. Après la seconde restauration, la France semblait accablée sous le faix de ses charges. Un ministre s'illustra en disant : « Nous n'avons pas d'argent : payons nos dettes ; » l'argent sortit de terre pour sceller cette alliance du bon sens et de l'honneur.

Aurions-nous besoin de démontrer au successeur de ce ministre honnête homme , la nécessité d'avertir l'Espagne de tout ce qu'il y a d'impolitique dans la prétention d'élever son crédit , c'est-à-dire la confiance à la parole royale , sur un système où la banqueroute n'est produite que comme la moindre des infractions à de publics engagemens ? Le roi a fait usage de l'emprunt des Cortès pour payer les administrateurs , les juges , les serviteurs

de sa personne, dont il avait laissé trente mois arriérer les traitemens. Il s'en est servi pour faire
aller deux ans sa monarchie qui tombait de misère. Il s'en est servi pour avoir une liste civile,
pour payer le tissu, jusqu'alors pris à crédit, dont
sa jeune épouse était vétue; pour alimenter, durant la rigueur de l'hiver, le feu dont il lui arriva
de manquer au temps de sa toute-puissance; il s'en
est servi pour soudoyer les complots qui devaient
déposer comme autant de témoignages de ses secrètes protestations contre les sermens arrachés de
lui, et son ministère méconnaîtrait des traités solennels, sous prétexte qu'il n'était pas libre! Mais
nous n'avons pas ouï dire que le roi ait essayé
d'opposer à cet acte le véto dont il fit usage plus
d'une fois pour repousser d'autres décrets. On
avait vu jusqu'à ce jour des emprunts forcés, en
ce sens que la force avait arraché l'or des prêteurs:
on n'avait pas vu encore des créanciers se plaindre
de l'avoir reçu, de l'avoir dépensé malgré soi. Pour
le bien de l'Espagne, exigeons qu'à défaut de
meilleure hypothèque, le monde puisse se confier
aux promesses de ses maîtres; exigeons-le aussi
pour le bien de la France, et pour sa dignité.

La plupart des capitalistes qu'on menace étaient
Français; ils ont traité avec un gouvernement près
lequel le roi de France avait des ambassadeurs; ils
ont pris leur part des frais de la guerre; leurs fils,
eux-mêmes peut-être ont donné leur vie sur la brèche

du Trocadéro, et ils auront été deçus par la paix, compromis par l'invasion, ruinés par la victoire! C'est quand un homme de finances était le chef des conseils, que la France aurait armé ses princes et ses soldats, qu'elle aurait déboursé trois cent millions pour aller conquérir une banqueroute à trois cents lieues des Pyrénées! Ce système est par trop insensé.

Faire briller au milieu de l'Espagne désolée le jour de la justice, désarmer la multitude au profit des classes intéressées à l'ordre, obtenir d'éclatans témoignages du respect pour la foi pubique, ces trois biens ne seraient que des élémens incomplets de paix et de crédit, si après avoir relevé la société par le premier, l'État par le second, le gouvernement par le troisième, nous n'assurions à cette machine, péniblement remontée, des ressorts capables de la mouvoir. L'une des plus grandes plaies de ce pays, est l'aveuglement qui a présidé, sous l'empire de ses deux restaurations, à la distribution de tous les offices et de toutes les dignités. Il y a pénurie d'hommes, et tous les hommes doués de quelque expérience et de quelques lumières, gémissent dans les cachots ou sous le poids d'inexorables anathêmes. Nous avons dit combien peu nombreuse était l'Espagne éclairée. Voyons ce qui est advenu d'elle. Une partie souhaita un despotisme réformateur. Elle se soumit aux décisions de la fortune. Elle plia sous Napoléon comme tous les potentats : on l'a proscrite.

Une autre partie recourut à la liberté pour sauver et l'Espagne et son roi. Elle ne fléchit pas devant le maître du monde : elle fut héroïque. Peuples et rois, tous l'admirèrent sans l'imiter : on l'a proscrite.

Parmi les sectateurs fidèles du passé, il s'en trouva qui, désabusés de leur amour pour la monarchie absolue par les spectacles déroulés six ans devant eux, acceptèrent la révolution de 1820. D'autres, magistrats éprouvés, vieux capitaines, illustres évêques, la subirent à l'exemple de leur roi : on les a proscrits.

Parmi les Espagnols qui la combattirent, il s'en est trouvé que les premiers attentats de la contre-révolution indignèrent. Ils ont parlé, comme le Dauphin, d'ordre et de clémence : on les a proscrits.

Jamais gouvernement ne s'épura si bien de tout ce qui possède quelque intelligence des affaires, quelque expérience, quelque dignité. Aussi les charges publiques sont-elles arrivées à des hommes dont l'abaissement, l'ineptie, les fureurs extravagantes rappellent et dépassent, si on ose le dire, ces magistrats de nos temps d'anarchie qui par leurs formes et leur langage parvenaient à rester ridicules, tout en étant atroces. C'est là un des malheurs auxquels il est le plus pressant de porter remède ; et ce remède, où le trouver ?

Parmi les quatre classes de proscrits dont nous

venons de parler, il en est deux, les plus nom-
breuses et les plus habiles, dont la France ne peut
pas demander le concours, dont le roi Ferdinand
pourrait difficilement le promettre. Le temps seul
ralliera la grande famille espagnole, rendra à tous
les talens un poste, à tous les services des récompenses, à tous les fils d'une même patrie un même
avenir. Aujourd'hui, c'est dans les deux dernières
classes, celle des serviteurs désenchantés de la
monarchie absolue, celle des royalistes exclusifs
qui ont mérité les honneurs de la persécution par
des vues plus saines et des sentimens plus généreux,
qu'il faut chercher les dépositaires de l'autorité
royale. Mais comment arriver là? comment placer les choix hors de l'influence d'une camarilla
qui restera, quoi qu'on fasse, vénale, ignare et fu-
ribonde? Partout ailleurs qu'en Espagne, il serait
difficile d'atteindre ce but. L'Espagne par bonheur,
cette Espagne si dépourvue de formes tutélaires,
conserve l'ombre d'une institution qui peut donner
au trône des instrumens dignes de lui. Quand les
rois commencèrent à décliner l'autorité presque
souveraine des cortès, à retirer la couronne du
milieu de ces assemblées, et enfin à la soustraire
peu à peu à leur contrôle jaloux, ils voulurent
rassurer le pays par des garanties inconnues partout ailleurs. Des camaras (chambres), long-
temps indépendantes, furent investies, entre autres
priviléges immenses, du droit que nous avons rap-

pelé plus haut, de diriger seules le monarque dans
la nomination de tous les emplois et bénéfices publics. Il n'avait que le choix entre les trois candidats présentés par les consultes de la chambre.
A mesure que l'autorité royale s'est fortifiée, quand
elle a pu se délivrer par l'exil de tout ce qu'il y
avait de mâles caractères et de vertus incorrup-
tibles, cette grande prérogative n'est plus devenue
qu'un frivole simulacre, et les camaristes se sont
consolés de perdre leur rôle utile, parce qu'ils
en conservaient les dehors dans le privilége, si
ambitionné de l'autre côté des monts, de travailler
avec le roi assis et couverts. Tous les bons esprits
ont regardé la complète dépossession de la camara,
opérée seulement sous Godoy, comme l'une des
causes les plus actives de la prompte chute de la
monarchie. Le favori put jeter dans les tribunaux,
dans l'administration, dans le sacerdoce, toute
sa digne clientelle; et ne reposant plus que sur
des étais faibles et corrompus, le trône s'écroula
sous le premier souffle de la fortune.

Dans aucun temps, la monarchie espagnole n'é-
prouva un besoin plus pressant de recourir à ces
précautions extraordinaires, témoignages du désordre des pouvoirs et de la difficulté des temps. En
reconstituant la camara, en la composant d'hommes
fermes et sages, on compléterait l'œuvre de la résur-
rection de ce malheureux peuple qui semble frappé
de toutes les colères du ciel. L'acte qui aurait intro-

duit les quatre grandes réformes que nous venons d'exposer, placé sous la garantie de la France,
fortifié d'abord de la présence de nos soldats, jet-
terait rapidement des racines, et serait bientôt suffisamment défendu contre toute atteinte par ses
propres bienfaits. Cependant, il ne faut pas se le
dissimuler. Tous ces biens peuvent être repris par
la main de laquelle ils émanent, et en politique, il
n'y a de bon, de protecteur que ce qui ne vit pas
au jour le jour. Ne pourrait-on point faire un pas de
plus? et après avoir mis la distribution de la justice,
la force publique, l'investiture des postes considé-
rables hors de la portée des passions violentes et des
misérables intrigues, ne serait-il pas désirable, pour
que l'Espagne dût à jamais nous bénir comme ses
bienfaiteurs, que l'autorité royale renonçât à la prérogative de déplacer ces bases par sa volonté ?

Cette camara, cette chambre pour laquelle nous
redemandons une partie de ses anciennes prérogatives, semblerait réservée par son nom même à de
grandes destinées. Dès aujourd'hui, rien ne serait
plus facile que de l'appeler à discuter, de concert
avec la couronne, les institutions ou les réformes
fondamentales, peut-être aussi les dépenses et les
impôts. Admise seulement à un faible partage de
la puissance législative, elle ne laisserait pas cependant que de devenir une sauve-garde pour les
concessions royales, un moyen de redressement
pour les torts et les fautes des ministères. Ici sans

doute, une difficulté se présente : la camara, com-
posée de membres du conseil de Castille, appartient à ce corps antique ; et ce corps, amalgame
désordonné de tous les pouvoirs, semble un invin-
cible obstacle à toute amélioration par le désordre
de ses attributions administratives et judiciaires
autant que par la manière déplorable dont les derniers coups d'État l'ont composé. A Dieu ne plaise
que nous sollicitions, dans l'intérêt de projets utiles, ces éliminations violentes dont on a fait usage
pour consolider les réactions et l'anarchie ! Il est
plus que temps de consacrer les positions existan-
tes, de reconnaître les droits acquis ; mais on pro-
fiterait de ce que le bien même des affaires exige
l'augmentation du nombre des conseillers pour
déterminer le retour de tous ceux qu'un royalisme
fidèle n'a pu préserver de l'exil dès qu'ils se sont
rendus suspects de bon sens et d'humanité. Des
Bourbons, en assayant de réformer la monarchie
espagnole, ne sauraient imiter la marche téméraire
de la révolution française qui, pour réformer, n'i-
magina rien de mieux que de commencer par détruire. Loin de croire indispensable que le conseil
de Castille disparaisse, nous voudrions que son
nom et ses formes vinssent à l'appui d'un système
réparateur ; nous voudrions le conquérir à la
cause des perfectionnemens progressifs, et pour y
parvenir, nous aurions soin d'accroître son impor-
tance, en veillant à ce que dorénavant, elle ne fût

que salutaire. Depuis Philippe V, il est divisé en cinq ou plutôt six *salles* qui réunissent, avec une déplorable confusion, à peu près les pouvoirs d'une de nos cours royales, de la cour de cassation et du conseil d'État. La camara, prise dans toutes les salles, n'a point d'existence distincte. Une politique habile aurait depuis longtemps séparé les attributions diverses, et formé, en dehors du conseil royal, une cour investie de sa juridiction criminelle, dans son sein deux chambres toujours liées par un titre et des honneurs communs, l'une qui réunirait avec une destination plus précise, les salles dites de justice, l'autre les salles dites de gouvernement et de. province. La première servirait de tribunal suprême à la monarchie; ses membres auraient la haute indépendance que donne une magistrature élevée, bien définie, surtout inamovible; leurs charges seraient les récompenses promises pour prix des longs et vieux services aux membres de la seconde, qui, constituant le conseil d'État, resteraient nécessairement irrévocables. Au lieu d'être prise, comme par le passé, dans les salles diverses. la camara pour laquelle nous réclamons des fonctions législatives, formerait une chambre distincte qui ne ferait que conserver les priviléges actuels des camaristes, en marchant à la tête des deux autres. Certes, le conseil de Castille ne repousserait pas un tel partage. Il s'élèverait bientôt à sa mission auguste, et pourtant, on le voit, il ne pourrait pas inspirer à la couronne des ombrages légitimes. Chargé qu'il est des dépouilles des anciennes cortès, il se verrait confirmer la possession jusqu'à lors précaire de ces présens du despotisme; il en jouirait avec confiance, avec dignité, et la nation trouverait a ne pas les reprendre, l'avantage de posséder enfin une justice, une administration et des lois. On va voir que cette combinaison satisferait au premier devoir du législateur, celui de ne former aucun établissement, que l'œil attaché à la fois sur le passé et sur l'avenir. Cette politique seule est bonne et glorieuse qui sait emprunter des forces au premier et préparer des biens au second.

Les rois ont, depuis plusieurs siècles, tendu, des deux côtés des Pyrénées, à un même but, la destruction de toutes les supériorités, de tous les pouvoirs. Ils savaient fort bien, qu'une fois les forces intermédiaires subjuguées, rien n'est plus facile, comme le dit Montesquieu, que l'asservissement des peuples. Ils ne savaient pas que, dèslors, rien n'est plus difficile que la conservation des trônes. Ce système a engendré en même temps la révolution française, qui est terminée, parce que la Charte nous a donné des pouvoirs secondaires, et la révolution espagnole qui, vaincue, écrasée, menace encore, parce que les conseils de la sagesse ne sont pas entendus. Dans la longue lutte de la couronne contre notre aristocratie, les

princes appelèrent à leur aide les fêtes, les com-
bats, par-dessus toutes choses la gloire littéraire.
Les monarques espagnols s'effrayèrent également
du bruit des armes et des accens du génie ; le plaisir les importuna, comme une dernière tentative
des grands pour secouer les chaînes communes.
Ils prirent leur point d'appui dans les cloîtres,
ne voulurent que le silence, n'accordèrent le droit
de le rompre qu'au fanatisme. Les ténèbres s'épais-
sirent, et on en est venu enfin à traiter tout ce
qui pense en coupable. La civilisation apparaît
comme une hostilité; le savoir constitue le flagrant
délit de l'insurrection. De notre côté des monts au
contraire, tour à tour généreuse, frivole, brillante,
l'autorité des rois déposséda les classes élevées de
leur pouvoir sans les avilir, adoucit les mœurs
sans abattre les intelligences ni les courages, vou-
lut énerver, se consola quelquefois de corrompre,
n'eut jamais l'affreuse pensée d'abrutir et de dé-
grader. Le pays profita tout entier de l'essor donné
aux sciences, aux beaux-arts, et la civilisation
marchant du même pas que l'égalité, faisant les
mêmes progrès, il arriva que les classes inférieures,
les classes moyennes surtout, montèrent plus que
les deux premiers ordres ne descendirent. Nous
en sommes venus à former une nation, au sein de
laquelle la noblesse vit confondue, moins parce
qu'elle a beaucoup perdu, que parce que le tiers-
état, ennobli par ses conquêtes, a gagné encore

davantage, une nation qui marche avec ensemble vers un même avenir de richesse et de gloire, qui, sous la conduite de chefs dignes d'elle, arrivera sans secousse au dernier terme des prospérités que les sociétés humaines puissent atteindre. Le despotisme sombre et monacal de l'Espagne ne l'a nivelée qu'en abattant, comme Tarquin, toutes les sommités. L'accès des affaires a été interdit aux noms illustres. La noblesse n'a pu ni administrer ni combattre. Les pratiques religieuses lui ont été données pour unique étude, pour unique distraction; la grandesse, plus voisine du trône, a été, plus fortement que tout le reste, déprimée par la main de fer qui façonnait tout un peuple à savoir admirablement adorer, servir et se taire.

Il faut relever cette nation abattue. On a fait peuple la vieille aristocratie. Qu'elle remonte à son rang; et puisse le Dieu qui se complaît dans la grandeur de l'homme comme dans son plus bel ouvrage, élever un jour, ainsi que parmi nous, la société entière à la même hauteur! Cette aristocratie qui, depuis Charles III, a fait de généreux efforts pour secouer le joug imposé aux esprits et aux ames, mérite que la France lui tende une main généreuse. La multitude et les ordres religieux forment une masse compacte contre laquelle toute amélioration vient échouer, qu'exaspère tout progrès. Que le gouvernement espagnol apprenne de nous l'art facile de leur opposer la noblesse, celle que manifestent des titres, que ses richesses rendent puissante, et le clergé séculier, cet autre foyer de tout ce qu'il y a de lumières, de vertus dans la Péninsule. Nous ne parlons pas de la bourgeoisie ; il n'en existe pas encore. Produit de la civilisation, cette classe n'a pu commencer à se former que dans les ports opulens. La création d'une magistrature, le rétablissement de la paix intérieure, quelque mouvement imprimé à l'industrie, parviendront seuls, avec l'aide du temps, à peupler la région moyenne que le système de l'étouffement universel a laissée vacante. On pressent que c'est dans les deux premiers ordres de l'État, dans les deux hauts *estamentos*, que nous voudrions chercher les membres de la chambre du conseil de Castille, devenue la dépositaire des promesses royales, ou plutôt des destinées publiques. On pourrait admettre dans ses rangs, qu'on agrandirait sans péril, quelques-uns de ces hommes qui se sont illustrés dans la défense de la patrie, que le roi aima, que le peuple n'a point eucore appris à outrager. Cette chambre prendrait promptement de l'autorité dans le pays ; car elle aurait toute la consistance de la véritable aristocratie, celle contre laquelle se brisent les révolutions, dont l'orgueil des peuples ne s'indigne pas, qui ne peut jamais être offensive pour l'autorité suprême, qui est rarement menaçante pour les franchises du pays et pour sa prospérité, l'aristocratie qui re-

pose sur l'illustration , les richesses et les services.

Ce que nous proposons semble nouveau ; et nous
nous aperçevons que l'histoire l'a proposé avant
nous. La grandesse n'a pas toujours porté ce titre.
Le nom de *ricos homes* (1) est le premier sous lequel la noblesse espagnole se révèle dans les fastes
de la Péninsule ; elle le conserva jusqu'au temps
d'Alphonse XI et de l'expulsion des Maures , durant ces siècles de calamités et de gloire , où de
grands périls appelaient sans cesse au secours de
la patrie une puissante assistance. Ce nom si simple
auquel se rattache tant de souvenirs , était le prix
et de la naissance et des travaux ; il décorait ceux
que leurs aïeux avaient fait opulens et ceux qui
l'étaient devenus à la pointe de l'épée ; le prélat le
portait comme le guerrier. Nombreuse et signalée
dans l'histoire par une participation constante à la
gestion des affaires publiques, la Rica Hombria
tint sous les successeurs de Pélage plus de place
que la pairie française sous les successeurs de
Charlemagne. Cette puissance constituait le plus
solide contrepoids aux empiétemens de la couronne, le plus solide obstacle à ses égaremens ;
formant tour à tour le conseil du roi et celui de
la nation , elle tint souvent la place des Cortès , et
en fut long-temps une branche nécessaire. Un vieil

(1) **Hommes riches.**

auteur, un secrétaire de l'inquisition, qui écrivait en présence de Philippe II (1), va jusqu'à déclarer que toutes les résolutions des rois, relatives au gouvernement en paix comme en guerre, devaient avoir reçu la sanction de douze ricos homes.

Le dix-neuvième siècle est venu, et nous ne réclamons pas autant. Si même on craignait qu'une chambre haute, investie seule de la discussion des lois, parût encore trop inquiétante à cette couronne exigeante et chatouilleuse de nos jours, on pourrait, par une disposition conforme aux habitudes du conseil de Castille, destiner à la délibération d'une assemblée plénière du conseil, les lois que la première chambre aurait rejetées. Mais cette chambre existerait. Au milieu des maux de la Péninsule l'espérance aurait où se poser ; l'arbitraire connaîtrait des digues; les ames reprendraient du ressort avec une ambition généreuse; la grandesse, se rappelant qu'elle eut des aïeux, aspirerait à entrer tout entière dans ce corps qui lui en retracerait la puissance, qui pourrait en reproduire le nom. Ce nom national comme les victoires du Cid, et vieux comme la monarchie, n'aurait rien d'offensif pour les idées nouvelles; il les flatterait de promesses que la civilisation se chargerait d'accomplir, en rendant à leur tour les communes dignes de reprendre

(1) Zurita, Annal., liv. I, chap. VI.

leurs anciens droits aussi bien que les grands et le sacerdoce. Cette chambre des ricos hombres, sortie à notre voix du milieu des ruines, semblerait ainsi au milieu du sol politique des Espagnes dont la nudité a quelque chose qui épouvante, jetée là par les siecles à leur passage comme une pierre d'attente à laquelle des législateurs plus heureux lieraient quelque jour des Cortès, pour relever, en l'asseyant sur des bases meilleures, l'édifice tout entier de l'antique monarchie constitutionnelle de l'Arragon et des Castilles.

Ces combinaisons, sur lesquelles nous avons insisté pour prouver qu'il ne fallait pas désespérer de la Péninsule, ou tout autre système empreint de la même prévoyance et de la même modération, seront plus faciles peut-être à présenter aujourd'hui que durant tout le temps qui vient de s'écouler. L'esprit du roi doit être frappé chaque jour de plus vives angoisses. Des périls opposés se révèlent à lui en même temps. Il a horreur des victimes; mais que ne doit-il pas redouter des bourreaux devenus déjà des geôliers? Nous pensons que si au lieu de lui demander en termes indéfinis une sagesse qu'il prenait pour de l'hostilité, l'administration française lui avait offert un cadre complet de gouvernement, elle aurait eu plus de chances pour le familiariser avec ses idées et avec ses vœux. Bien d'autres fautes ont été commises que nous ne relevons pas; mais un jour de fermeté de la part de la France, tout peut être réparé. Les influences, qui nous ont combattus pied à pied, peuvent être prises au dépourvu, et une fois quelque grand acte de la volonté royale placé sous la garantie de nos armes, personne en Europe ne songerait à attaquer ouvertement notre ouvrage. Il serait trop tard pour l'ébranler même par des efforts couverts. La Camarilla n'offrirait qu'un inutile réfuge aux prétentions ennemies, et on se garderait de les poursuivre dans cet asile. Nous pensons qu'on n'aurait même pas ce péril à craindre; il dépendrait du cabinet des Tuileries de désarmer les rivalités les plus actives, les plus funestes oppositions. Le ministère aurait pu y mettre depuis long-temps un terme.

Ici notre cadre s'agrandit encore, il va embrasser le Nord et l'Occident. Au temps où nous sommes tout se tient dans le monde politique; on ne peut discuter les intérêts d'un village sans atteindre bientôt aux deux bouts de l'univers.

L'Angleterre et la Russie se disputent depuis dix ans la conquête du cabinet espagnol : toutes deux y ont exercé de l'empire, un empire inégal, mais, disons-le, toujours désastreux. Dans ces derniers temps, l'une et l'autre se sont élancées sur le théâtre de nos victoires, pour s'emparer d'un champ de bataille où elles avaient eu le soin de ne pas descendre durant le combat. Au lieu de nous engager dans ces lices nouvelles, pourquoi n'avons-

nous pas transporté le litige loin de Madrid où il
n'était pas, à Saint-Pétersbourg et à Londres où il
était tout entier? Si la lutte se prolonge, il est
temps encore de la déplacer, et nous la verrons
bientôt concluc.

Autant qu'il est permis de le juger dans une sphère
qui n'est pas celle du pouvoir, qui n'a point toutes
ses données, nous aurons meilleur marché de la
Russie que de l'Angleterre, l'Angleterre qui pourtant
ne devrait avoir d'autres intérêts, d'autres alliances,
d'autres vœux que les nôtres. Elle est aujourd'hui
sur la défensive dans le monde entier, et la politique que nous avons embrassée ne lui a que trop
permis de nous redouter comme des assaillans de
plus. Elle défend dans la Péninsule contre les souvenirs du pacte de famille le dernier pied qu'elle
ait en Europe. Elle y défend surtout cette Amérique
dont elle se sent l'avant-garde, sur laquelle vont
se placer toutes celles de ses espérances que le continent a trahies. Les deux républiques anglaises,
pour parler comme M. Canning, se sont rencon-
trées au milieu de l'Atlantique dans ce mouvement
de progrès qui pousse les États-Unis vers nous, et
de retraite qui entraîne la Grande-Bretagne loin
de nos rivages. Toutes deux combattent pour l'indépendance des colonies américaines, l'une parce
que là sont ses affections et ses alliances, l'autre,
parce que là seront ses débouchés et ses comp-
toirs. L'Angleterre craint que l'Espagne ne se re-

lève et n'étende un bras, redoutable encore tout affaibli qu'il puisse être, sur les provinces d'outre-mer. Elle tremble surtout de nous voir séparer notre cause de la sienne une seconde fois , et tra verser l'Océan pour aller donner à un autre hé-misphère ce règne de Ferdinand que nos armes ont rendu à la Péninsule. Les obstacles qu'elle op-pose à l'accomplissement de tous les desseins utiles ne sont autre chose que des mesures de défense. Elle couvre le sol castillan de ruines , ainsi qu'en fuyant des barbares sèment la terre de débris pour arrêter la marche des forces ennemies.

Il serait plus malaisé de dire quel intérêt pour-rait avoir la Russie à entretenir la désolation dans le royaume catholique. Si on la considère comme placée à la tête d'un système d'intérêts et de doc-trines qui demande l'envahissement de l'Amérique, on trouvera bien que les développemens d'une restauration inflexible ont pu lui sourire comme les symptômes d'une réaction destinée à peser sur les Deux-Mondes. Mais maintenant le but est dé-passé. Il est trop manifeste que l'Espagne n'est pas sur la route d'enfanter ni des Colomb , ni des Cortez. Elle aura tout au plus des Almagre ou des Pizarre , et les gardera pour elle-même. Ce spec-tacle ne peut qu'affliger le cabinet de Pétersbourg dans ses prédilections pour les systèmes autocra-tiques. L'Espagne n'a jamais si bien servi la cause de la monarchie constitutionnelle que depuis

qu'elle a laissé briser ses tribunes. Qui peut dire si
la camarilla n'a point sauvé les libertés du monde?

L'unique intérêt qu'on pourrait supposer à la
Russie pour prolonger les désastres de la monarchie de Philippe V, serait tout au plus, si on lui
croyait des arrière-pensées ambitieuses, et qu'on
lui attribuât le dessein d'enchaîner nos bras dans
les Castilles. Mais cette supposition que toutes les
paroles d'Alexandre repoussent, est suffisamment
démentie par les cris inutiles et le long abandon
des Hellènes. Ajoutons que nos projets d'évacuation une fois arrêtés, on n'aurait pas l'espoir de
nous attacher par des malheurs de plus à une scène
dont ces malheurs même nous éloignent. Reste
donc la question des îles Baléares, ou toute autre
tentative pour obtenir un établissement militaire
et maritime vers les colonnes d'Hercule, afin d'embrasser l'Europe entière et de l'étouffer au besoin.
Mais comment admettre qu'un prince qui attache
du prix aux louanges des peuples, cherchât un
accroissement de puissance dans la ruine de tout
un empire? Ce déplorable moyen de succès serait
peu assuré. Nous aimons mieux croire que la France
verra ses plans de pacification secondés par une
puissante assistance, ou s'il n'en était pas ainsi,
elle prendrait sur la question de Mayorque le même
parti que sur la question de l'Amérique. Ce parti
consiste simplement à résoudre l'une et l'autre,
et les voies seraient aplanies.

La France, placée entre ces deux grandes puis--
sances, la Russie et l'Angleterre, la suprématie
continentale et la suprématie maritime, l'Ancien-
Monde et le Nouveau, la France ne peut pas fuir
devant la plus menaçante des deux ; car elle est
adossée à l'Océan. Il faut qu'elle reste au poste où
Dieu l'a placée. Ce poste, quel est-il ? Les conseils
étroits et timides ont répondu : Celui d'un auxi-
liaire réduit à s'atteler tour à tour au char des deux
rivales, et à combattre pour leur cause. L'honneur
s'écrie : Celui d'un juge-du-camp chargé de prononcer sur le débat. La politique de notre patrie
est l'arbitrage. Ayant des intérêts communs de tous
côtés, assez forte pour faire respecter ses arrêts, elle
a un ministère de justice, de paix à remplir. Elle y
trouvera prospérité, puissance et gloire. En renon-
çant à régner par des conquêtes, elle régnera par
sa médiation, par ses bienfaits. Le repos et la stabi-
lité des États, les progrès paisibles de la race hu-
maine seront son ouvrage. Qu'il s'élève un différend;
que des prétentions contraires soient débattues, le
roi de France jettera dans l'un des bassins sa main
de justice et son épée. Le monde se rangera du
côté vers lequel il aura fait pencher la balance.

La politique française, à la fois loyale et vigou-
reuse comme nos chefs, sera digne du rôle que
nous assigne le dieu de Saint-Louis. Jamais roi
ne tint dans sa main de plus vastes destinées que
Charles X. Charlemagne, avec sa triple couronne,

ne pouvait pas faire sentir aussi loin sa puissance.

C'est au roi qu'il appartient de prononcer sur l'avenir tout entier de l'Amérique, sur les limites que l'empire moscovite doit enfin reconnaître, sur le prix dû aux souffrances, aux travaux de la Grèce. Qu'il dise un mot ; il entraîne l'Europe en avant, ou il l'arrête. Cette parole sera prononcée ; pour premiers fruits, elle écartera de la terre désolée de saint Ferdinand les influences qui ont en partie corrompu nos victoires, et la nation espagnole, meurtrie par tant de coups, retrouvera enfin de la vie, du repos, de l'espoir, à l'ombre d'un trône qui aura cessé d'exciter nos repentirs.

Nous nous arrêtons, tout surpris de la longue course que nous avons fournie. On ne sait pas être bref quand on agite pour son pays des intérêts de gloire.

Nous voulions discuter un projet d'occupation partielle que les journaux supposent. Mais il est temps de finir. Si le cabinet espagnol ferme l'œil à ses dangers et repousse jusqu'au bout les conseils du chef auguste des Bourbons, si la voix qui a fait tomber les remparts de Cadix ne peut se faire entendre dans le palais de Philippe V, alors, il faudra bien que l'armée française s'éloigne d'une arène où ne brillent que des poignards. Mais alors s'arrêtera-t-elle dans sa marche au milieu de ces provinces désolées ? Se résignera-t-elle à voir, du haut des remparts, une populace, ivre de fanatisme et de vengeance, égorger près des glacis ces hommes qui avaient des armes , qui les ont déposées sur la foi de nos promesses et qui tombent assassinés aux pieds de nos drapeaux ? Si , lasses de souffrir , les classes que la multitude proscrit , opposent enfin la force à la force , descendrons-nous de nos citadelles pour aller dans les contrées voisines prêter main-forte aux assassins , mettre l'autorité qui les soulève en situation de châtier sur les victimes le crime d'avoir défendu leur tête ? Sans doute , nous resterons spectateurs inactifs. Mais supposez que ce soit la multitude qui succombe, que la révolution renaisse de ses cendres si imprudemment attisées, qu'elle triomphe une seconde fois, que ses enseignes soient plantées à l'entour de nos postes, quel parti prendrons-nous? Souffrir des insultes; nous ne le pouvons pas. Les châtier; nous le pourrions. Et après ? rentrer dans la triste carrière que nous venons de fournir ! l'humanité même frémit à cette image. Pourquoi donc courir toutes ces chances que ne compense l'espoir d'aucun bien à faire? Compte-t-on que le cabinet espagnol implorera enfin notre assistance pous oser être sage ? Bayonne est aussi près de Madrid que Barcelone. Veut-on obtenir l'acquittement des dettes que nos alliés ont contractées ? Ils ne pouvaient en payer qu'une, celle de la reconnaissance , et ils l'ont mise au même niveau que l'emprunt des Cortès. Aurait-on des arrière-pensées , des desseins confus ?.... Si nous ne pouvons pas obtenir de Ferdinand et de l'Espagne le salut de l'un et de l'autre, quelle ambition tenterait la politique française ? Fuyons loin des lieux où nous avons vaincu. Fuyons pour ne pas répondre aux yeux du monde des malheurs qui se préparent. Fuyons pour ne pas les aggraver par le courage que les réacteurs prendraient jusqu'au bout dans notre présence. Puissent les Pyrénées, en nous séparant du théâtre de tant d'efforts trahis, de tant de gloire perdue, dérober à nos regards des scènes trop douloureuses pour les cœurs français, et, si nous ne pouvons échapper à ces spectacles, qu'ils nous apprennent du moins à chérir davantage le code de liberté qui met notre avenir à l'abri de semblables catastrophes. La France n'aura pas tout à regretter dans cette calamiteuse entreprise si nos lois y ont, comme nos princes, acquis des cœurs et des bras de plus.

9 782013 446273